كَعْكَة الدَّيْناصور

تأليف: أسماء عمارة

رسم: شذا حوراني

اليَوْمُ يُوافِقُ يَوْمَ الخَميس، وغَدًا عيدُ الدَّيناصور.

لِذا، قَرَّرَ أَنْ يَصْنَعَ كَعْكَةً ويُعِدَّ مُفاجَأَةً لِوالِدَيْهِ عِنْدَما يَعودانِ مِنَ العَمَل.

لِحُسْنِ الحَظِّ، وَجَدَ الدَّيناصورُ السُّكَّر، الطَّحينَ والحَليب.

لِسوءِ الحَظِّ، لَمْ يَجِدْ بَيْضًا في الثَّلَّاجَة. !!

لِحُسْنِ الحَظّ، بَيْتُ جَدَّتِهِ قُرْب بَيْتِهِ، فَذَهَبَ يَطْرُقُ البابَ.

لِسوءِ الحَظِّ، لَمْ يَفْتَحْ لَهُ أَحَدٌ...
الجَدَّةُ كانَتْ خارِجَ مَنْزِلِها.

لِحُسْنِ الحَظِّ، جَدَّتُهُ كانتْ قَدْ أَعْطَتْهُ المِفْتاحَ قَبْلَ مُغادَرَتِها، فَدَخَلَ يَبْحَثُ عَنْ بَيْضٍ.

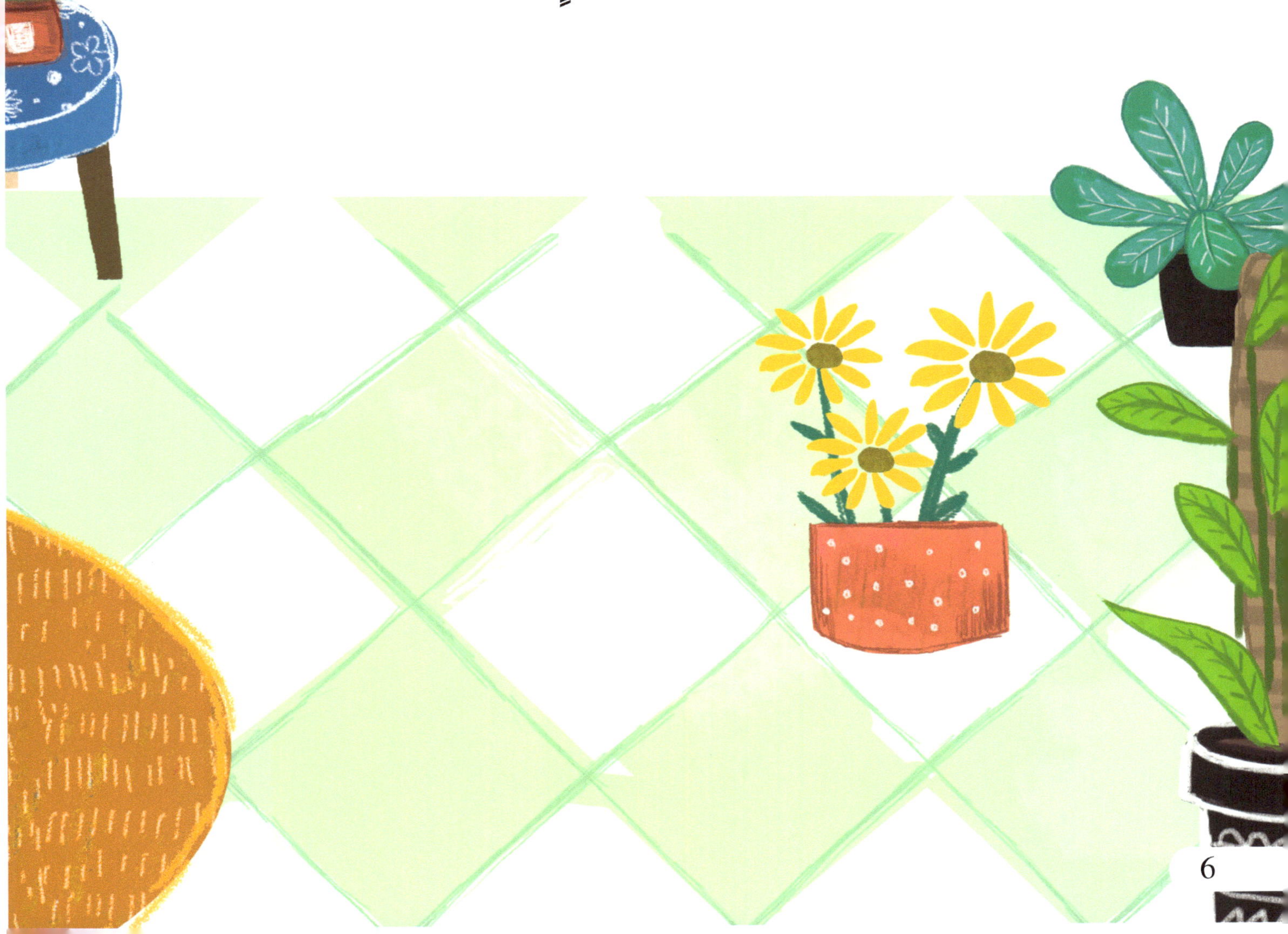

لِسوءِ الحَظّ، البَيْضَةُ الوَحيدَةُ الَّتي وَجَدَها سَقَطَت مِنْ يَدِهِ وكُسِرَت.

لِحُسْنِ الحَظِّ،

المَتْجَرُ قَريبٌ مِنَ البَيْتِ، ووَجَدَ هُناكَ بَيْضًا كَثيرًا.

لِسوءِ الحَظّ، لَمْ يَجِدْ في جَيْبِهِ نُقودًا.

لِحُسْنِ الحَظِّ،
قابَلَ جَدَّتَهُ في المَتْجَرِ، وسَدَّدَتْ ثَمَنَ البَيْضِ.

لِسوءِ الحَظّ، لَمْ يَجِدِ الكِتابَ الَّذي يَشْرَحُ طَريقةَ صُنْعِ الكَعْك.

لِحُسْنِ الحَظّ، سَأَلَ الجَدَّةَ فَعَلَّمَتْهُ الطَّريقَةَ.

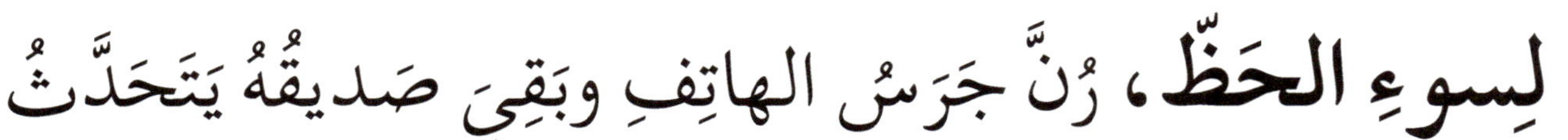

لِسوءِ الحَظّ، رُنَّ جَرَسُ الهاتِفِ وبَقِيَ صَديقُهُ يَتَحَدَّثُ مَعَهُ لِمُدَّةٍ طَويلَةٍ.

لِحُسْنِ الحَظّ، تَذَكَّرَ الكَعْكَةَ بَعْدَما أَنْهى المُكالَمَة، فَوَضَعَها في الفُرْن.

لِسوءِ الْحَظِّ، تَأَخَّرَ الْوَقْتُ، فَقَرَّرَ الدَّيْناصورُ أَنْ يَرْفَعَ دَرَجَةَ حَرارَةِ الْفُرْن.

لِحُسْنِ الحَظِّ، كانَ التِّلْفازُ يَعْرِضُ الرُّسومَ المُتَحَرِّكَةَ المُفَضَّلَةَ لَدَيْه.

لِسوءِ الْحَظِّ، جَلَسَ الدَّيْناصورُ يُشاهِدُ التِّلْفازَ ونَسِيَ الْكَعْكَةَ.

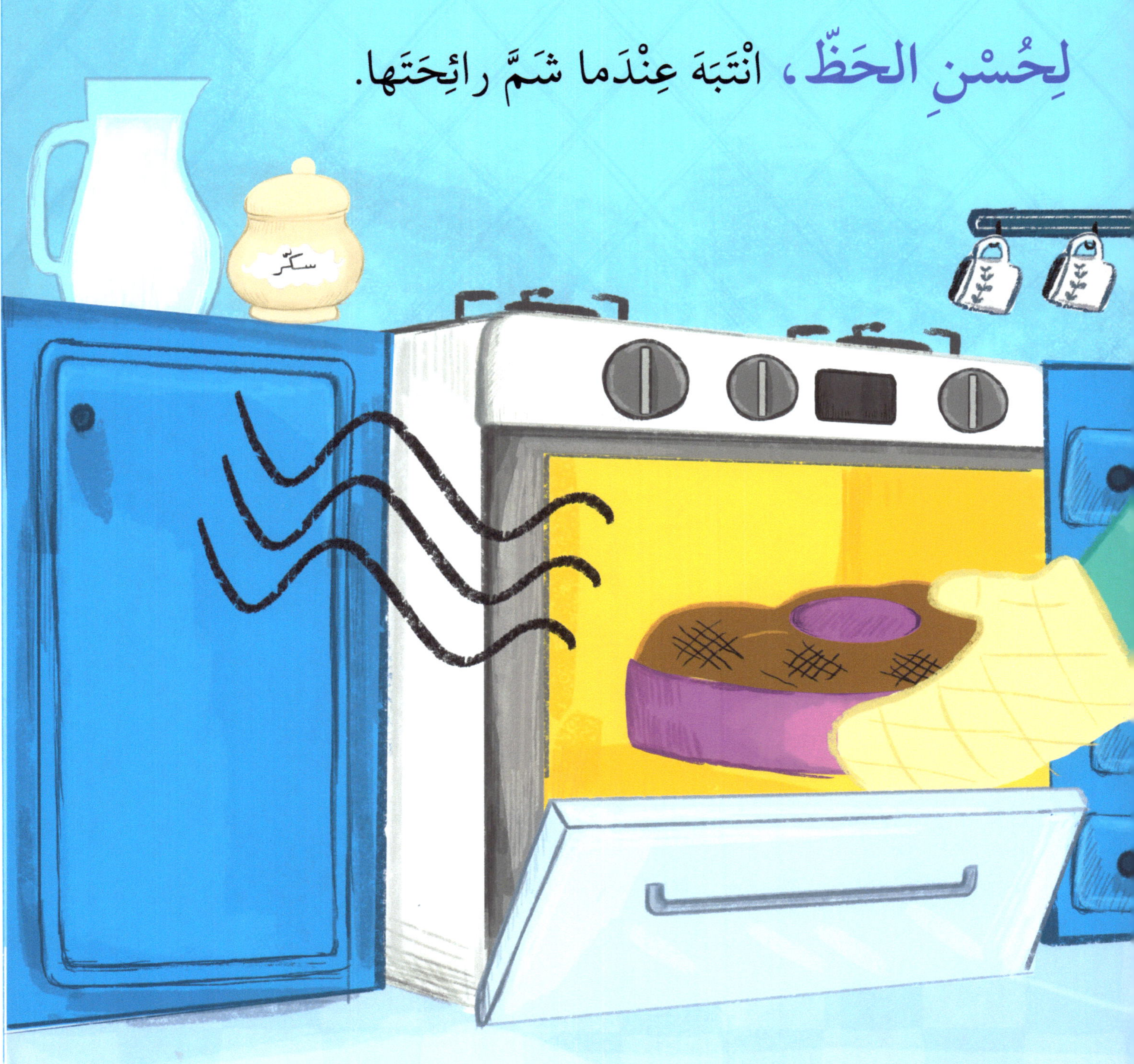

لِحُسْنِ الحَظِّ، انْتَبَهَ عِنْدَما شَمَّ رائِحَتَها.

لِسوءِ الحَظِّ، الكَعْكَةُ الَّتي صَنَعَها احْتَرَقَت، وأخْرَجَها سَوْداءَ مِنَ الفُرْن.

لِحُسْنِ الحَظِّ، دَخَلَ والِدا الدَّيناصورِ يَحْمِلانِ الكَعْكَ المُحَلّى، بالونات ٍ وهَدايا.

«عيد سَعيد»

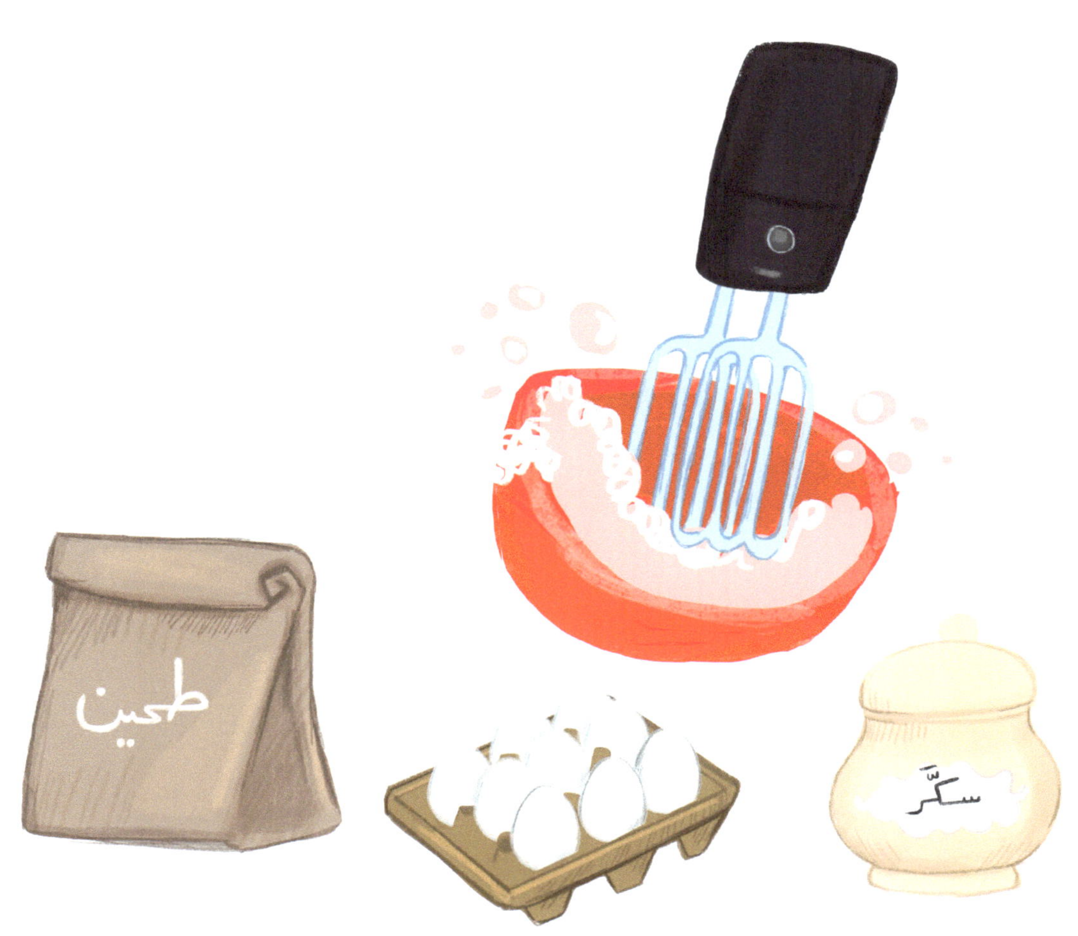